上海市交通运输行业协会团体标准

上海市域铁路信号系统通用技术条件

General Specification of Signal System for Shanghai Suburban Railway

T/SHJX 080—2025

主编单位：中铁上海设计院集团有限公司
批准部门：上海市交通运输行业协会
施行日期：2025 年 4 月 14 日

同济大学出版社

2025　上海

图书在版编目(CIP)数据

上海市域铁路信号系统通用技术条件/中铁上海设计院集团有限公司主编. --上海：同济大学出版社，2025.6. -- ISBN 978-7-5765-1620-3

Ⅰ.U284-35

中国国家版本馆 CIP 数据核字第 2025YF5697 号

上海市域铁路信号系统通用技术条件
中铁上海设计院集团有限公司　主编

责任编辑　朱　勇
责任校对　徐逢乔
封面设计　陈益平

出版发行　同济大学出版社　www.tongjipress.com.cn
　　　　　(地址：上海市四平路1239号　邮编：200092　电话：021-65985622)
经　　销　全国各地新华书店
印　　刷　苏州市古得堡数码印刷有限公司
开　　本　889mm×1194mm　1/32
印　　张　1.375
字　　数　34 000
版　　次　2025年6月第1版
印　　次　2025年6月第1次印刷
书　　号　ISBN 978-7-5765-1620-3
定　　价　20.00元

本书若有印装质量问题，请向本社发行部调换　　版权所有　侵权必究

上海市交通运输行业协会

沪交协(2025)第 3 号

上海市交通运输行业协会
关于发布《上海市域铁路信号系统通用技术条件》
团体标准的通知

经上海市交通运输行业协会第八届理事会第二十九次秘书长办公会议(2025年1月14日)专题研究与审核,同意从即日起公开发布《上海市域铁路信号系统通用技术条件》团体标准。

发布编号为:T/SHJX 080—2025

特此予以发布。

上海市交通运输行业协会

2025 年 1 月 14 日

前 言

根据上海市交通运输行业协会市域铁路分会《关于发布〈2023年上海市域铁路规范标准编写计划〉的通知》(沪交协域铁(2023)第8号)的要求,由中铁上海设计院集团有限公司会同有关单位进行了广泛的调查研究,认真总结实践经验,参照国内外相关标准和规范,并在反复征求意见的基础上,制定本标准。

本标准的主要内容包括：总则；术语和缩略语；总体要求；系统要求；跨制式运行专用技术要求；人机界面；接口；可靠性、可用性、可维修性和安全性要求；性能指标；电源要求；电磁兼容性与防护；环境条件。

本标准由上海市交通运输行业协会市域铁路分会负责管理,由中铁上海设计院集团有限公司负责具体技术内容的解释。各单位及人员在本标准执行过程中,如发现需要修改和补充之处,请将有关意见、建议和资料反馈至中铁上海设计院集团有限公司(地址：上海市静安区共和新路1265号；邮编：200070；E-mail：luozhigang@sty.sh.cn),以供今后修订时参考。

请注意本标准的某些内容可能涉及专利。本标准的发布机构不承担识别专利的责任。

授权委托单位：上海市交通运输行业协会市域铁路分会
主 编 单 位：中铁上海设计院集团有限公司
参 编 单 位：同济大学
　　　　　　　　卡斯柯信号有限公司
　　　　　　　　上海电气泰雷兹交通自动化系统有限公司
　　　　　　　　上海市城市建设设计研究总院(集团)有限公司
　　　　　　　　北京和利时系统工程有限公司

主要编制人：刘　洋　罗志刚　刘　玺　张　瑾　欧冬秀
　　　　　　陈耀华　金建飞　孙来平　王　猛
参与编制人：叶一彪　赵　博　刘智平　黄大吉　陈　亮
　　　　　　胡井海　张　雷　沈　拓　韦涵君　刘明霞
　　　　　　张　皓
主要审查人：陈茂华　吕永昌　方四弟　洪海珠　印　锐
　　　　　　吴伟东　陆志雄　孔令宽　杜　超　王喜军
　　　　　　韩永君　程　亮　黄晓东　倪　尉　张小林

目 次

1 总 则 ··· 1
2 术语和缩略语 ·· 2
  2.1 术 语 ·· 2
  2.2 缩略语 ·· 4
3 总体要求 ··· 7
4 系统要求 ··· 9
  4.1 系统制式 ·· 9
  4.2 系统构成及要求 ··· 9
  4.3 闭塞方式 ··· 10
  4.4 列车运行自动化等级 ·· 10
  4.5 驾驶模式 ··· 11
  4.6 信号显示 ··· 12
5 跨制式运行专用技术要求 ·· 14
  5.1 基本技术要求 ··· 14
  5.2 列车运行调度指挥 ··· 15
  5.3 列车运行控制 ··· 15
  5.4 联 锁 ·· 19
  5.5 监测与维护 ·· 19
  5.6 数据通信网 ·· 20
6 人机界面 ·· 21
7 接 口 ··· 22
8 可靠性、可用性、可维修性和安全性要求 ······················· 23
  8.1 可靠性 ··· 23
  8.2 可用性 ··· 23

8.3 可维修性 …………………………………………	23
8.4 安全性 ……………………………………………	24
9 性能指标 ………………………………………………	25
10 电源要求 ……………………………………………	26
11 电磁兼容性与防护 …………………………………	28
11.1 电磁兼容性 ………………………………………	28
11.2 防　护 ……………………………………………	28
12 环境条件 ……………………………………………	30
本标准用词说明 …………………………………………	31
引用标准名录 ……………………………………………	32

1 总 则

1.0.1 针对市域铁路信号系统制式多样性的特点,结合既有信号系统与市域铁路功能定位和运营特征的适应性,制定本标准。

1.0.2 本标准规定了市域铁路信号系统的总体要求、系统要求、跨制式运行专用技术要求、人机界面、接口、RAMS、性能指标、电源要求、电磁兼容性与防护、环境条件等。

1.0.3 本标准适用于设计速度 100 km/h～160 km/h 市域铁路的新建、更新改造及扩建线路的建设,用于指导信号系统的工程设计、系统研发、工程建设以及运营维护。

2 术语和缩略语

2.1 术　语

2.1.1 市域铁路　suburban railway

是实现中心城与新城、新市镇组团之间的快速度公交化、通勤化、大运量的轨道交通系统。

2.1.2 基于通信的列车控制　communication based train control

通过不依赖轨旁列车占用检测设备的列车主动定位技术,连续车-地双向数据通信技术以及能够执行安全功能的车载和地面处理器而构建的连续式列车自动控制系统。

2.1.3 中国列车运行控制系统　Chinese train control system

保证列车安全运行,并以分级形式满足不同线路运输需求的列车运行控制系统的总称,简称CTCS。

2.1.4 中国列车运行控制系统 2 级　Chinese train control system level 2

基于轨道电路和点式应答器传输信息的中国列车运行控制系统,简称CTCS-2级。

2.1.5 自动化等级　grade of automation

根据运营工作人员和系统所承担的列车运行基本功能的责任划分确定的列车运行的自动化分级。

2.1.6 准移动闭塞　quasi-moving block

线路被预先设定若干个固定的区段,后行列车以前行列车所占用区段的入口为追踪目标点,前后列车间的最小安全间隔距离为后行列车安全制动距离加上安全裕量的闭塞方式。

2.1.7 列车自动防护　automatic train protection
自动实现列车运行安全间隔、超速防护、进路安全和车门等监控技术的总称,简称 ATP。

2.1.8 列车自动运行　automatic train operation
自动实现列车加速、调速、停车和车门开闭、提示等控制技术的总称,简称 ATO。

2.1.9 计算机联锁　computer based interlocking
主要联锁关系由计算机实现的集中联锁,简称 CBI。

2.1.10 调度集中系统　centralized traffic control system
实现列车运行调度的计算机集中控制与指挥系统,简称 CTC 系统。

2.1.11 互联互通　interoperability
装备不同信号厂家车载设备的列车可以在装备不同信号厂家轨旁设备的一条轨道交通线路内或多条轨道交通线路上无缝互通安全可靠运营。

2.1.12 跨线运行　cross-line operation
运营列车在两条或两条以上制式相同或兼容的线路中,由一条线路进入另外一条线路运行的方式。

2.1.13 共线区　area of common jurisdiction
为实现列车在两种不同系统制式线路上跨线运营,在两种不同制式线路的轨旁设置的信号重叠区域。在该区域内同时设置两种不同系统制式的信号地面设备。

2.1.14 跨制式信号系统　double standard signalling system
同时具备两种及以上不同信号制式系统功能的信号系统。

2.1.15 车载兼容　compatible with on-board equipment
车载设备在具有不同轨旁信号制式的线路上运行,并能根据轨旁不同的信号制式实现车载制式的自适应转换。

2.1.16 地面兼容　compatible with ground equipment
全线或部分区域的轨旁设置支持不同信号制式的设备,装备不同制式车载设备的列车可同时在该线路范围内运行。

2.1.17 一体化车载设备　integration on-board equipment

一套车载设备同时具备两种及以上不同信号制式车载功能的方式。

2.2　缩略语

AM	Automatic Mode	自动驾驶模式
ATO	Automatic Train Operation	列车自动运行
ATP	Automatic Train Protection	列车自动防护
ATS	Automatic Train Supervision	列车自动监控
BTM	Balise Transmission Module	应答器信息接收单元
CAM	Creep Automatic Mode	蠕动模式
CBTC	Communication Based Train Control	基于通信的列车控制
CBI	Computer Based Interlocking	计算机联锁
CM	Coded Train Operating Mode	受控人工驾驶模式
CO	Call On Mode	引导模式
CTC	Centralized Traffic Control	调度集中控制
CTCS	Chinese Train Control System	中国列车运行控制系统
CTCS-2	Chinese Train Control System level 2	中国列车运行控制系统2级
DSU	Data Storage Unit	数据存储单元
DMI	Driver-Machine Interface	人机界面
EUM	Emergency Unrestricted Train Operating Mode	非限制人工驾驶模式

FAM	Fully Automatic train operation Mode	全自动运行驾驶模式
FS	Full Supervision Mode	完全监控模式
GOA	Grade Of Automation	自动化等级
IS	Isolation Mode	隔离模式
LTE	Long Term Evolution	长期演进技术
LTE-M	Long Term Evolution-Metro	城市轨道交通长期演进系统
LEU	Lineside Electronic Unit	轨旁电子单元
MTBF	Mean Time Between Failure	平均失效间隔时间
MTTR	Mean Time to Repair	平均修复时间
MVB	Multifunction Vehicle Bus	多功能车辆总线
OS	On Sight Mode	目视行车模式
PS	Partial Supervision Mode	部分监控模式
RAMS	Reliability, Availability, Maintainability and Safety	可靠性、可用性、可维修性和安全性
RM	Restricted Train Operating Mode	限制人工驾驶模式
RRM	Remote Restricted Train Operating Mode	远程限速运行模式
SIL	Safety Integrity Level	安全完整性等级
SB	Standby Mode	待机模式
SH	Shunting Mode	调车模式
SL	Sleeping Mode	休眠模式
TCC	Train Control Center	列控中心
TCMS	Train Control and Management System	列车控制与管理系统

TRDP	Train Real-time Data Protocol	列车实时数据通信协议
TSRS	Temporary Speed Restriction Server	临时限速服务器
ZC	Zone Controller	区域控制器

3 总体要求

3.0.1 上海市域铁路信号系统(以下简称信号系统)应做到安全可靠、功能完整、经济合理。列车在跨制式线路运行时,不同制式信号系统或子系统设备间应能协同工作或共享资源,防护行车安全、提高运行效率。

3.0.2 信号系统应具有高安全性、高可靠性、高可用性。涉及行车安全的系统、设备及电路应符合故障—安全原则。

3.0.3 信号系统应实现列车安全运行,并在系统最不利条件下,后续列车应能安全停车。

3.0.4 信号系统应具有安全可靠的互联互通技术,灵活适应线网规划调整,适度考虑新技术的发展。

3.0.5 调度中心应实现线网列车运行的统一指挥调度,可实现与相邻城际、市域线网间线路的协同指挥。

3.0.6 信号系统应满足市域铁路跨线运行和车辆资源共享的运营需求。

3.0.7 不同闭塞制式信号系统的跨线运行宜采用兼容方式实现。

3.0.8 信号系统自身设备故障时,应具有降级运行模式和应急措施。

3.0.9 信号系统的数据通信网络应采用冗余的网络结构、冗余的传输通道,车地无线通信网络宜采用专用频段。

3.0.10 信号系统应具有设备监测和报警能力,宜具有统一的监测报警系统。

3.0.11 信号系统应能支持不同编组长度列车或不同性能列车的混合运行。

3.0.12 有跨线需求的信号系统的自动化等级应与较低自动化等级线路相匹配。

3.0.13 信号系统的设备应符合市域铁路使用环境与运用条件。

3.0.14 信号系统的信息安全防护应符合现行国家标准《信息安全技术 网络安全等级及保护基本要求》GB/T 22239 的规定。

4 系统要求

4.1 系统制式

4.1.1 市域铁路信号系统可采用 CTCS2＋ATO 系统或 CBTC 系统。不同信号制式线路跨线运营时，应采用跨制式信号系统。市域铁路与国家铁路存在跨线运营需求时，应采用 CTCS2＋ATO 系统。

4.2 系统构成及要求

4.2.1 CTCS2＋ATO 系统应符合现行行业标准《市域(郊)铁路列控系统技术要求 第1部分：CTSC2＋ATO 系统》TB/T 3598.1 的规定。

4.2.2 CBTC 系统应符合现行行业标准《市域(郊)铁路列控系统技术要求 第2部分：CBTC 系统》TB/T 3598.2 的规定。

4.2.3 跨制式信号系统实现方式可分为车载兼容及地面兼容两种不同方式。

4.2.4 跨制式信号系统涉及车载设备和地面设备两部分。

1 跨制式信号系统车载设备可采用 CBTC、CTCS 或兼容 CBTC 与 CTCS 的车载设备。

2 跨制式信号系统地面设备宜包括调度中心行车指挥系统、车站行车指挥系统、列控联锁一体化设备(或 CBI 和 TCC)、车地无线通信系统等。

3 跨制式共线区域在 CBI 合场设置时，宜统一采用轨道电路作为轨道占用检测设备。

4 跨制式共线区域长度具体需要结合线路运营实际需求确定,包括列车运行速度、车辆参数、土建参数、制动距离、切换区车地通信呼叫时间等信息,应满足停车和不停车两种切换场景要求。

5 跨制式共线区域应答器布置需考虑 CBTC 及 CTCS 两种制式需求,若采用车载兼容方式,则应答器宜合并设置。

4.3 闭塞方式

4.3.1 一般要求

1 闭塞方式应满足行车密度、运行速度和交路等运营组织需求。

2 闭塞方式应能实现列车在最不利条件下以规定的安全间隔运行,其列车安全间隔应满足自动驾驶及司机驾驶停车时的最大停车距离。

3 闭塞制式可采用固定闭塞、准移动闭塞和移动闭塞。

4.3.2 技术要求

1 闭塞分区的划分或列车运行安全间隔应根据列车运行密度、线路条件、车辆特性及信号系统的列车控制模式、限速等级等条件设置,并应通过列车运行模式确定。

2 复线区段宜采用双向闭塞方式。单线双向运行的区段,应采用双向闭塞方式。

4.4 列车运行自动化等级

4.4.1 列车运行自动化等级应分为 GOA0~GOA4,具体功能为:

1 GOA0:目视行车。

2 GOA1:非自动列车运行。

  3 GOA2：半自动列车运行。
  4 GOA3：有人值守列车自动运行。
  5 GOA4：无人值守列车自动运行。
4.4.2 CTCS2＋ATO系统应满足GOA2自动化等级要求。
4.4.3 CBTC系统的功能不应低于GOA2级，且应具备向下兼容功能。

4.5 驾驶模式

4.5.1 CTCS2＋ATO系统车载设备应包含下列9种工作模式：
  1 待机模式(SB)：是车载设备上电后的默认模式，该模式下车载设备应执行停车保护。
  2 部分监控模式(PS)：是车载设备接收到轨道电路允许码而缺少应答器提供的线路数据或列车位置不确定时使用的模式，该模式下车载设备负责监控列车的最高运行速度。
  3 完全监控模式(FS)：是列车的正常运行模式之一，该模式下车载设备负责列车运行的安全监控。
  4 引导模式(CO)：车载设备按照最高限速40 km/h控车的模式，该模式下车载设备负责监控列车的最高运行速度。
  5 目视行车模式(OS)：是在停车信号下司机控车的固定限速模式，该模式下车载设备负责监控列车的最高运行速度。
  6 调车模式(SH)：是列车进行调车作业的固定限速模式，该模式下车载设备负责监控列车的最高运行速度。
  7 隔离模式(IS)：是车载设备控制功能停用的模式，该模式下车载设备不再监控列车运行。
  8 休眠模式(SL)：用于非操纵端车载设备，车载设备转入休眠模式后不再监控列车运行。
  9 自动驾驶模式(AM)：是列车的正常运行模式之一，该模式下车载设备负责列车运行控制和安全监控。

4.5.2 CBTC 系统可采用的列车驾驶模式包括 FAM 模式、CAM 模式、AM 模式、CM 模式、RM 模式、RRM 模式、EUM 模式,且应符合下列规定:

 1 FAM 模式应实现在自动化区域内,在系统防护下无司乘人员干预的列车全自动运行。

 2 CAM 模式应实现在自动化区域内,经人工远程操作确认后,在系统防护下无司乘人员干预的列车全自动限速运行。

 3 AM 模式应实现在 ATP 的安全防护下司机监控列车自动运行。

 4 CM 模式应实现在 ATP 的安全防护下司机驾驶列车运行。

 5 RM 模式应在 ATP 的防护下,实现人工驾驶列车按规定限速运行,当列车超速时,ATP 设备应实施紧急制动控制列车停车。

 6 RRM 模式应能实现在自动化区域内,经人工远程操作确认后,列车在系统防护下按规定限速在移动授权范围内运行,当列车超速时,ATP 设备应实施紧急制动控制列车停车。

 7 当采用 EUM 模式时,系统不控制列车运行,应由司机按操作规程人工驾驶列车运行。

4.6 信号显示

4.6.1 信号显示应分为地面信号显示和车载信号显示。

4.6.2 信号显示应准确、清晰,且应符合下列规定:

 1 车载信号显示应与地面信号显示的意义一致或含义相符。

 2 当地面信号为行车凭证且其信号显示熄灭或显示意义不明时,应视为禁止信号。

 3 当车载信号为行车凭证时,地面信号宜采用灭灯方式。

 4 共线区切换点应设置信号制式切换标识。

4.6.3 信号机的设置应满足行车组织和安全防护要求。

4.6.4 信号机的设置应符合现行行业标准《铁路信号设计规范》TB 10007 的规定。

4.6.5 车载信号应正确表示地面设备传送给车载设备的信息。

4.6.6 车载信号宜有列车实际速度、目标速度、目标距离、列车超速及设备故障等声光报警和显示功能。

5 跨制式运行专用技术要求

5.1 基本技术要求

5.1.1 跨制式信号系统主要应用于 CTCS2＋ATO 与 CBTC 两种不同列控制式线路之间的跨线运营或共线运营。

5.1.2 跨制式信号系统地面兼容方式应在适当区域设置兼容 CTCS2＋ATO 和 CBTC 两种列控制式的地面信号设备，支持装备 CTCS2＋ATO 车载设备的列车和装备 CBTC 车载设备的列车运营。

5.1.3 跨制式信号系统车载兼容方式应设置兼容 CTCS2＋ATO 和 CBTC 两种列控制式的车载信号设备，地面设置制式转换区域，支持列车在 CTCS2＋ATO 线路和 CBTC 线路间跨线运营。

5.1.4 跨制式信号系统应具备网络化统一调度，包括列车运行计划的自动调整、在线列车车次号的灵活调整、大小交路同时运营、无人及有人驾驶模式下列车的自动折返/跳停/扣车、调度命令编辑及下发到车站和列车、信号设备自动和人工控制、区间运营等级和停站时间的灵活调整、在站列车提前发车及列车节能运行等功能。

5.1.5 跨制式信号系统宜支持根据客流情况自动调整在线列车数功能。

5.1.6 跨制式信号系统应具备跨线路列车统一编图的功能。

5.1.7 跨制式信号系统的调度台管辖范围应能灵活配置，支持按照线路、区段或区域进行调度指挥，可根据列车控制制式及运营需求进行配置。

5.1.8 跨制式信号系统转换区的临时限速宜由 DSU、ZC 与 TSRS、TCC 同时管辖，列车运行调度指挥系统按照管辖区域与对应的 DSU 和 TSRS 接口，切换区列车根据当前列车制式从 DSU、ZC 或应答器获取相应的临时限速。

5.1.9 选用地面兼容方式时，地面信号设备应包括列车运行调度指挥系统、TSRS、列控联锁一体化设备（或 CBI 和 TCC）、轨道电路、ZC、LEU 和应答器、电源设备和监测设备。

5.1.10 选用车载兼容方式时，共线区地面信号设备包括列车运行调度系统、TSRS、列控联锁一体化设备（或 CBI 和 TCC）、轨道电路、区域控制器 ZC、LEU 和应答器、数据通信设备、电源设备和监测设备。制式切换区域外，地面信号设备根据线路制式分别配置各自的地面信号设备。

5.2 列车运行调度指挥

5.2.1 列车运行调度指挥系统应对管辖区段内的信号设备进行集中控制，并对列车和调车作业进行指挥和管理。

5.2.2 列车运行调度指挥系统应采用分散自律设计原则。

5.2.3 列车运行调度指挥系统应具备中心控制、车站控制和非常站控三种模式。

5.2.4 列车运行调度指挥系统应具备同时管辖 CTCS2＋ATO 和 CBTC 两种制式列车的功能。

5.2.5 列车运行调度指挥系统应实现对不同制式列控系统跨线运行的调度指挥。对于 CTCS2＋ATO 和 CBTC 互联互通交汇的车站，车站调度系统宜采用一套终端。

5.3 列车运行控制

5.3.1 选用地面兼容跨制式方式时，列车运行控制系统应满足以下要求：

1 地面信号设备应实现CTCS2+ATO和CBTC两种制式的地面信号功能。

2 车载信号设备可仅装备CTCS2+ATO车载设备，也可仅装备CBTC车载设备，亦可采用CTCS2+ATO和CBTC双功能车载设备。

3 TSRS通过与TCC和ZC接口实现临时限速命令下发。不采用TSRS统一管理时，应由列车运行调度指挥系统分别与TSRS和DSU、ZC接口，实现临时限速下发。

4 应答器宜统一设置，在CTCS2+ATO系统应答器规范基础上，增加CBTC系统应答器。

5 同一站台门不应由TCC和CBI同时控制。

5.3.2 选用车载兼容跨制式方式时，列车运行控制系统应满足以下要求：

1 车载信号设备应采用支持CTCS2+ATO和CBTC两种制式的双功能车载设备，及对应所有车载驾驶模式。

2 在制式切换区域应设置CTCS2+ATO和CBTC两种制式的地面信号设备，在制式切换区外，仅设置CTCS2+ATO或CBTC制式的地面信号设备。

3 列车在跨线运行过程中，应具备人工转换和系统自动转换两种方式。

4 制式切换区可根据线路条件设置在区间或车站。

5 制式切换区设置在区间时，宜实现不停车进行制式转换。

6 两种列控制式切换预告、制式切换结果、切换失败原因等信息应在主控DMI上进行显示，并给出语音提示或报警。

7 在制式切换区切换失败时，应施加制动并停车，停车后由司机进行人工转换。

8 制式切换区设置在车站时，应在当前制式下控制车门开关及站台门联动，待车门及站台门关闭后，方可进行自动或人工制式转换。

9 制式切换区设置在车站,当同一侧站台同时存在 CBI 及 TCC 两种不同设备在不同制式下与站台门接口时,站台门状态可由两种制式设备采集,站台门控制应由单一制式设备完成。

10 CTCS2＋ATO 与 CBTC 两种制式车载设备独立设置时,通过增加双制式切换装置实现与车辆接口的自适配,DMI、速传、BTM 天线等外设可共用;采用 CTCS2＋ATO 与 CBTC 两种制式车载设备融合设置时,统一实现制式选择与车辆接口。

11 车载设备与 TCMS 系统各冗余网络接口各结点均应同时在线,同一时刻车辆只响应来源于其中一个主结点的指令,车载设备应根据当前状态选择与切换发送指令的主结点,其他结点应处于监听状态。

12 车载设备应具备上电自检功能。自检完成后,列车双端均应与车辆之间的牵引、制动、开关门等进行接口综合测试。

13 车载 DMI 应支持司机输入列车长度、载频信息、司机号、车次号等信息,车载设备应记录上述信息;TSRS ID 及载频信息也可放入切换区域应答器中,用于实现制式自动切换。

14 采用独立车载设备时,应满足以下技术要求:

1) 主控车载设备负责控制双车载切换单元,根据当前所处的工作制式自动接通或者断开 CBTC 车载或 CTCS2＋ATO 车载与车辆的硬线接口。

2) CBTC 的车载设备、CTCS2＋ATO 的车载设备应同时工作,同时采集车辆相关输入信息,但同一时刻只有主控模式的车载设备与车辆接口实现输出,两种车载设备通过安全接口实现与车辆的输出通道的切换。

3) 在制式切换区域,行车指挥系统宜通过不同信息传输路径,同时给两套车载发送运行计划,两套车载设备应同时接收运行计划。制式切换后,主控车载的 ATO 可利用之前接收的运行计划继续控车运行。

4）在制式切换区域,两套车载设备宜通过不同信息传输路径,同时向控制中心行车指挥系统发送列车实际运行状态信息。在制式切换区外,仅主控车载设备向控制中心行车指挥系统发送列车实际运行状态信息。

5）主控车载设备负责向车辆 TCMS 系统发送进站和离站提示信息。

6）两套车载设备之间应通过硬线或实时通信方式,交互切换请求与切换应答,控制制式切换过程。当 CBTC 车载设备与 CTCS2＋ATO 车载设备间通信中断,或切换过程中发生任何切换失败,或设备故障时,主控车载设备将保持切换前的制式继续控车,直至到达当前制式下切换区终点边界后正常停车,等待人工处理。

7）制式切换装置的 CBTC 位和 CTCS 位仅在停车时可用,且在停车后带有强制切换属性,即切换时不需要检查来自对端车载的是否允许切换的条件。非停车状态下,主控车载应不响应 CBTC 位或 CTCS 位的切换命令。

15 采用一体化车载设备时,应满足以下技术要求:

1）一体化车载设备统一负责控制与车辆之间的硬线接口。

2）两种列控制式之间不停车切换时,应确保切换后列车不会在新列控制式控制下产生紧急制动或常用制动。

3）在制式切换区域,行车指挥系统宜通过不同信息传输路径,同时向一体化车载发送运行计划,车载 ATO 应同时接收运行计划,但仅选择执行一种运行计划。

4）在制式切换区域,一体化车载设备宜通过不同信息传输路径,同时向调度中心行车指挥系统发送列车实际运行状态信息。在制式切换区外,仅向当前区域所属调度中心行车指挥系统发送列车实际运行状态信息。

5）一体化车载设备向车辆 TCMS 系统发送进站和离站提示信息。

5.4 联锁

5.4.1 选用车载兼容跨制式方式时,在 CBTC 系统控制线路范围内,CBI 应符合现行团体标准《城市轨道交通 CBTC 信号系统规范 第 4 部分:CI 子系统》T/CAMET 04018.4 的相关规定;在 CTCS 系统控制线路范围内,CBI 应符合现行行业标准《铁路车站计算机联锁技术条件》TB/T 3027 的相关规定。

5.4.2 选用车载兼容跨制式方式时,CBI 在制式切换区域可统一设置一套,即合场设置方式。

5.4.3 在选用车载兼容跨制式方式时,CBI 在制式切换区域可独立设置,即分场设置方式。

5.4.4 在选用地面兼容跨制式方式时,联锁系统应统一设置,联锁系统应同时具备 CTCS2+ATO 制式和 CBTC 制式下的联锁功能。CBTC 功能应符合现行团体标准《城市轨道交通 CBTC 信号系统规范 第 4 部分:CI 子系统》T/CAMET 04018.4 的相关规定;CTCS 功能应符合现行行业标准《铁路车站计算机联锁技术条件》TB/T 3027 的相关规定。

5.4.5 CBI 与 TCC 设备接口时,应符合现行行业标准《铁路车站计算机联锁技术条件》TB/T 3027 的相关规定。

5.4.6 CBI 应从行车指挥系统中获取时钟信息,完成时钟校核功能。

5.5 监测与维护

5.5.1 监测与维护系统宜采用一套软硬件同时监测和维护不同制式线路的信号设备。

5.5.2 监测与维护系统采用两层架构,包括中心和车站两个组成部分。

5.5.3 监测与维护系统应具备信号设备状态监测、接口信息安全监督功能，以及辅助和指导现场发现设备隐患、排除设备故障，提高信号系统设备运用质量和维护水平的功能。

5.5.4 监测与维护系统应具备信号设备的集中监测和诊断分析平台，通过全面汇集地面信号设备、车载信号设备等相关设备的运行状态和监测数据，实现信号设备维护信息的集中存储、安全监督、综合分析与诊断的功能。其他子系统或新增自诊断设备应通过信息接口方式纳入监测与维护系统。

5.5.5 监测与维护系统应实现对不同列控系统线路的设备集中监测。

5.5.6 监测与维护系统应采用隔离措施，不得影响被监测设备的正常工作；应具备时钟校核功能，确保系统时钟的统一。

5.5.7 监测与维护系统应具备在中心与列车运行调度指挥系统中心系统、TSRS等行车设备接口功能，获取报警信息及关键数据。

5.5.8 监测与维护系统应具备在中心与监测辅助设备接口功能，获取环境监测信息。

5.6 数据通信网

5.6.1 选用车载兼容跨制式方式时，地面骨干网络应遵循相对独立设置原则，其中CBTC系统物理上至少包含安全网（冗余）、行车指挥系统网（冗余）共四个独立的工业以太环网；CTCS系统物理上至少包含安全数据网、行车指挥系统网、信号监测网。

5.6.2 选用车载兼容跨制式方式时，行车指挥系统控制中心设备应连接核心交换机，并通过接入交换机、路由器分别连接CBTC及CTCS的行车指挥系统网。

5.6.3 选用车载兼容跨制式方式时，接轨站联锁系统若采用合场设置，则应分别连接CBTC安全网及CTCS安全数据网。

5.6.4 选用地面兼容跨制式方式时，地面骨干网络宜遵循统一设置原则，安全数据网应冗余配置，行车调度系统网应冗余配置。

6 人机界面

6.0.1 人机界面应整体美观、协调、满足人体工程学的要求,并应符合现行国家标准《工作系统设计的人类工效学原则》GB/T 16251 的规定。

6.0.2 人机界面的显示信息应清晰明确,并应具备简洁、直观、方便、明确的人机对话方式,且应易于监控、识别和操作。

6.0.3 人机界面应具备显示功能、语音播报功能、通信功能、键盘输入功能、亮度调节、音量调节功能和记录功能。

6.0.4 人机界面应具备登录权限管理、控制权限管理功能。

6.0.5 站场图的显示应与实际站场一致,显示状态应与室外设备实际状态一致,且一种显示应仅对应一种设备状态或表达一种信息。

6.0.6 调度相关工作站应布局合理,且应采用简体中文界面的图形用户接口方式;应具备多级菜单、多级窗口、图形移动和图形缩放的功能,并应能支持单屏或多屏幕显示。

6.0.7 对由人工确保安全的操作命令,应有相应的安全操作手段和操作记录。人机界面上显示的各种记录、故障及报警信息应意思明确,并应便于维修人员跟踪记录、查找故障。

7 接 口

7.0.1 信号系统车载与车辆设备应采用硬线及网络接口。

7.0.2 信号系统与低压配电系统应采用硬线接口。

7.0.3 信号系统与传输系统应采用网络接口，由通信系统提供信号系统所需的传输通道。

7.0.4 信号系统与时钟系统应采用网络接口，获取线网统一时钟信息。

7.0.5 信号系统与移动通信系统应采用网络接口，移动通信系统为车地通信提供传输通道。

7.0.6 当设有站台紧急关闭按钮时，信号系统与车站综合后备盘应采用硬线接口。

7.0.7 当设有异物侵限监测系统、地震预警系统时，应采用继电器接口。

7.0.8 信号系统与站台门系统应采用继电接口，并预留网络接口。对于GOA4级全自动运行系统，与站台门系统应采用继电接口和网络接口，并实现站台门对位隔离功能。

7.0.9 信号系统可通过网络接口与相邻调度中心进行信息交互，接口宜在调度中心层级实现。

7.0.10 信号系统可通过网络接口与旅客服务信息系统、供电系统、综合监控系统、动车组管理信息系统、综合维修管理信息系统交互信息，接口宜在调度中心层级实现。

8 可靠性、可用性、可维修性和安全性要求

8.1 可靠性

8.1.1 列车运行调度指挥系统设备的 MTBF 应不小于 2.5×10^4 h。

8.1.2 地面信号系统设备(不含列车运行调度指挥系统)的 MTBF 应不小于 1×10^5 h。

8.1.3 车载信号系统设备的 MTBF 应不小于 1×10^5 h。

8.1.4 联锁设备的 MTBF 应不小于 1×10^5 h。

8.1.5 地面有线网络设备的 MTBF 应不小于 1×10^5 h。

8.1.6 车地移动通信设备的 MTBF 应不小于 2×10^4 h。

8.1.7 电源设备的 MTBF 应不小于 1×10^5 h。

8.2 可用性

8.2.1 信号系统的可用性指标应不小于 99.98%。

8.3 可维修性

8.3.1 车载设备的 MTTR 应不大于 30 min。

8.3.2 中心设备的 MTTR 应不大于 45 min。

8.3.3 车站设备的 MTTR 应不大于 45 min。

8.3.4 轨旁设备的 MTTR 应不大于 4 h。

8.3.5 车地通信设备的 MTTR 应不大于 30 min。

8.4 安全性

8.4.1 涉及行车安全的信号子系统、车载 ATP 设备安全完整性等级应达到 SIL4 级。

8.4.2 列车运行调度指挥系统应达到 SIL2 级。

8.4.3 列车自动驾驶 ATO 系统应达到 SIL2 级。

9 性能指标

9.0.1 信号系统的系统容量宜按远期线路规模、最大在线列车数设计,并留有一定余量。

9.0.2 列车运行调度指挥系统应具有良好的实时性。其现场信息采集及处理周期应小于2 s。实时控制、各工作站及显示终端等的操作响应时间应不大于2 s。

9.0.3 停车控制过程应满足舒适度、快捷性和停车精度的要求。列车减速度的变化率宜不大于 0.75 m/s^3,站台定点停车精度宜为± 0.3 m,不应超过± 0.5 m,ATO停车精度要求达到± 0.3 m的概率应不低于99.99%。

10 电源要求

10.0.1 除道岔融雪系统外，地面信号系统供电应为一级负荷，且应设两路独立电源。

10.0.2 地面信号系统应采用专用的电源屏供电。

10.0.3 地面信号系统电源设备应具备不间断供电功能，不间断电源设置应符合下列规定：

  1 调度中心、车辆基地及正线集中站的电源设备应采用双UPS、双母线设计。

  2 当双路外电源供电失效时，不间断供电功能应满足为调度中心、车辆基地、车站除转辙机外的信号设备提供不小于30 min的供电要求，无维护人员值守处所蓄电池供电时间不小于2 h。

10.0.4 应采用工业级电源断路器，信号系统内部及与外部的上下级电源断路器容量和保护特性应相互匹配。

10.0.5 地面信号系统应采用集中电源和分路馈电方式，其交直流电源应对地绝缘。

10.0.6 当电源电压波动超过用电设备正常工作范围时，应采取稳压和滤波等措施。

10.0.7 车载信号设备电源应由车辆提供直流电源或经变流设备供电，并应设过压和过流保护。

10.0.8 电源容量除应满足最大负荷需要外，还应留有备用容量，备用容量不宜小于30%。电源设备主要功能单元宜采用模块化结构，直流供电模块应采取冗余措施。

10.0.9 电源设备宜实现对各模块及主要元器件、电池的工作状态及数据进行实时在线监测。电源系统的维护和监测信息宜纳入维护监测子系统统一管理。

10.0.10 电源屏输出至室外的设备交流供电回路应采用隔离供电方式。

11 电磁兼容性与防护

11.1 电磁兼容性

11.1.1 在设计、制造信号设备时,应结合设备的工作电磁环境,电磁干扰不应影响设备的安全性和可靠性;应采用屏蔽、滤波、接地、隔离、平衡以及其他技术措施;应使设备满足其电磁兼容性能要求。

11.1.2 应消除电磁辐射、感应、传导和静电释放等干扰因素对信号设备的正常工作产生的影响。

11.1.3 信号设备应进行抵御外界电磁骚扰能力的试验。试验项目应包括射频电磁场辐射骚扰、射频场感应的传导骚扰、电快速瞬变脉冲群、浪涌冲击电压、静电放电、工频磁场、脉冲磁场的抗扰度试验。试验方法、试验等级、性能判据应按现行国家标准《轨道交通 电磁兼容 第3-2部分:机车车辆设备》GB/T 24338.4和《轨道交通 电磁兼容 第4部分:信号和通信设备的发射与抗扰度》GB/T 24338.5执行。

11.1.4 信号设备应进行电磁骚扰发射试验。试验应包括电源端口的传导发射试验和机箱端口的辐射发射试验。试验方法和骚扰限值应按《轨道交通 电磁兼容 第3-2部分:机车车辆设备》GB/T 24338.4和《轨道交通 电磁兼容 第4部分:信号和通信设备的发射与抗扰度》GB/T 24338.5执行。

11.2 防 护

11.2.1 信号设备正常工作时发射的电磁能量不应对周围环境

中其他设备或人员造成干扰和危害，并应防止其他设备及车辆等产生的电磁骚扰影响信号设备可靠工作。

11.2.2 信号设备与接触网或接触轨带电部分之间应留有安全距离。信号电缆线路与强电线路应分开敷设；当二者存在交叉时，应采取物理隔离措施。

11.2.3 对隧道内迷流导致的电腐蚀，装设信号设备时应采取相关防护措施。

11.2.4 轨旁设备应与牵引回流、钢轨不均衡电流统筹设计。相邻轨旁设备应防止工作频率的相互串扰。

11.2.5 装设单轨条轨道电路的车站及场段，相邻轨道电路并联的牵引轨条数应符合轨道电路设备要求。双轨条轨道电路区段采用接触网供电的接触网杆塔或支架的接地引线，不应直接引至钢轨。

11.2.6 信号设备的雷击试验应符合现行行业标准《铁路通信信号设备雷击试验方法》TB/T 3498 的规定。

11.2.7 信号设备的接地应符合下列规定：

1 信号设备室内应设综合接地箱，其应独立接入综合接地系统的弱电接地母排，接地电阻值应不大于 1Ω。

2 正线区间应设置贯通地线或贯通接地扁钢，其应与车站设置的弱电综合接地母排连接，接地电阻值应不大于 1Ω。

3 车辆基地内若未设综合接地系统或局部未设时，信号设备可分散接地，分散接地电阻值应不大于 4Ω。

4 车载信号设备的地线应经车辆接地装置接地。

12 环境条件

12.0.1 地面设备的工作温度、相对湿度、大气压力应符合现行行业标准《铁路通信信号产品环境条件 第 1 部分：地面固定使用的信号产品》TB/T 1433.1 的规定。

12.0.2 在车辆上安装的信号设备振动要求应符合现行国家标准《轨道交通 机车车辆电子装置》GB/T 25119 的规定。

12.0.3 在地面安装的信号设备振动要求应符合现行行业标准《铁路通信信号产品环境条件 第 1 部分：地面固定使用的信号产品》TB/T 1433.1 和现行国家标准《轨道交通 设备环境条件 第 3 部分：信号和通信设备》GB/T 32347.3 的规定。

12.0.4 当信号系统运用于特殊环境条件时，系统及其设备在相应地区的环境条件下应安全可靠运行，或采取必要的附加措施后系统和设备应安全可靠运行。

本标准用词说明

1 为便于在执行本标准条文时区别对待,对要求严格程度不同的用词说明如下:

1) 表示很严格,非这样做不可的用词:
   正面词采用"必须";
   反面词采用"严禁"。
2) 表示严格,在正常情况下均应这样做的用词:
   正面词采用"应";
   反面词采用"不应"或"不得"。
3) 表示允许稍有选择,在条件许可时首先应这样做的用词:
   正面词采用"宜";
   反面词采用"不宜"。
4) 表示有选择,在一定条件下可以这样做的用词,采用"可"。

2 条文中指明应按其他有关标准执行时的写法为"应符合……的规定"或"应按……执行"。

引用标准名录

1 《地铁设计规范》GB 50157
2 《城市轨道交通信号系统通用技术条件》GB/T 12758
3 《信息安全技术网络安全等级保护基本要求》GB/T 22239
4 《铁路工程术语标准》GB/T 50262
5 《轨道交通 电磁兼容 第3-2部分：机车车辆设备》GB/T 24338.4
6 《轨道交通 电磁兼容 第4部分：信号和通信设备的发射与抗扰度》GB/T 24338.5
7 《轨道交通 机车车辆电子装置》GB/T 25119
8 《轨道交通 设备环境条件 第3部分：信号和通信设备》GB/T 32347.3
9 《轨道交通自动化的城市轨道交通(AUGT)安全要求 第1部分：总则》GB/T 32588.1
10 《工作系统设计的人类工效学原则》GB/T 16251
11 《铁路车站计算机联锁技术条件》TB/T 3027
12 《铁路通信信号设备雷击试验方法》TB/T 3498
13 《市域(郊)铁路设计规范》TB 10624
14 《铁路防雷及接地工程技术规范》TB 10180
15 《铁路信号设计规范》TB 10007
16 《市域(郊)铁路列控系统技术要求 第1部分：CTCS2+ATO系统》TB/T 3598.1
17 《市域(郊)铁路列控系统技术要求 第2部分：CBTC系统》TB/T 3598.2
18 《市域铁路设计标准》DG/TJ 08—2435

19 《城市轨道交通基于通信的列车自动控制系统技术要求》CJ/T 407
20 《城市轨道交通 基于通信的列车运行控制系统(CBTC)互联互通系统规范 第1部分:系统总体要求》T/CAMET 04010.1
21 《城市轨道交通 CBTC 信号系统规范 第4部分:CI子系统》T/CAMET 04018.4